JN496127

최창순 시집

별이 숨은 액자

오감도

별이 숨은 액자

지은이 • 최창순

펴낸이 • 강옥현

주　간 • 양재일

발행처 • 도서출판 오감도

초판 인쇄 • 2025년 6월 15일

초판 발행 • 2025년 6월 20일

전화 070-7778-2591 010-3206-2591

팩스 (031) 775-0161

출판 등록일 • 제 10-1651(98. 10. 15)

서울시 중구 을지로3가 268 유일빌딩 604호

ISBN 978-89-5698-440-7 03810

* 이 책은 강원특별자치도, 강원문화재단 후원으로 제작되었습니다.

값 10,000원

머리글

신이 운명을 쥐었어도
마음의 끈은 결코 끊지 못했다

그리움이 그리워서
그리움의 시를 쓴다

별스러운 시
별스럽게 썼다고 눈총이나 받지 않을까
두렵다

사랑의 부재는 상처였다
그 상처 덧나지 않게 하려 그리움 더듬어
시로 치유했다

아내가 내 마음
알아주지 않더라도 전하려 한다

2025년 봄

1

아내의 봄은 해진 양말 속살부터 오는 듯 • 010
냉이꽃 당신 • 012
거울 속의 눈 • 014
노란 메모지 • 016
물망초 • 018
아내의 이별가 • 019
아내의 생일날 • 020
잃어버린 꽃 • 022
금낭화의 귀가 • 023
종착역은 아직 멀었지요 • 024
아내가 내린 간이역 • 026
병원 가는 날 • 028
열한 번째 반성문 • 030
기다리는 여행날 • 032
눈물의 둥지 • 034
눈감은 비밀 • 036
아내란 제목의 연극 • 038
눈감은 식탁의자 • 040
마지막 입김 • 042
문지방 • 044
목련이 지는 날 • 046

2

흔적 • 048
아내에게 보내는 편지 • 050
당신 꽃 • 052
아내의 반짇고리 • 053
예감 • 054
나는 신을 저주하오 • 056
단추 • 058
숭늉 • 060
마지막 산책 • 062
콩국수 • 064
별이 숨은 액자 • 066
귤을 먹으며 쓰는 반성문 • 068
커피 한 잔 • 069
하루의 소원 • 070
들국화 • 072
유리꽃병 • 074
아내의 유언 • 075
달빛 편지 • 076
고드름 귀걸이 • 078
'가을'이란 제목의 연극 • 080

3

가족 • 082
고드름 • 084
그대 내 마음에 담아 • 086
구름 편지 • 088
낙엽 공동묘지 • 090
나는 벽 보는 의자 • 092
바람 손님 • 094
마지막 낙엽의 눈물 • 096
돌아오는 날 • 098
양파와 어머니 • 100
흑백사진 한 장 • 102
그림자 • 104
낙엽의 이별 • 106
눈 • 108
겨울 고향 • 110
오일장에서 • 112
소머리국밥을 먹을 때마다 • 114
대합실에서 • 115

최창순의 시세계 ‖ 송연숙 시인 • 116

1

냉이꽃 당신

아내의 봄은 해진 양말 속살부터 오는 듯

냉이를 보면
냉이 캐던 아내의 모습이 불현듯 떠오른다

3월이 오면 기지개 켜듯
들판 휘젓고 다니던 그녀
구멍 난 양말 틈으로 하얀 발목이 드러났었다
움직일 때마다 다양했던 무늬의 발목 신기해
피식 웃었던 기억이 새롭다

속살은 하얀 풀벌레 기어가는 듯했고
걸을 때는 커졌다 작아졌다
스물스물 꿈틀거리는 애벌레 같았다

아내의 봄은 해진 양말 속살부터 오는 듯
아마도 그 구멍으로 봄기운이
애벌레처럼 스며들었을 테지

알뜰하고 검소했던 아내
그날의 기억은 영원히 아픈 나의 손가락
온갖 시련 겪고도 묵묵히 가정을 일으킨 그녀

3월이 되면
냉이 향 같은 아내 생각
애벌레처럼 꿈틀대며 스며드는 아내 생각에
벌판이 노랗도록 어지럽다

냉이꽃 당신

봄으로 가던 겨울의 꼬리가
꽃샘추위로 몽니를 부린다

방안을 서성거리다 밭으로 간다
모질기도 해라
동토를 뚫고 봄의 전령사인 양
냉이가 싹을 내밀고 있다

아내 살아있을 땐
냉잇국 좋아하는 나를 위해
추위에 돋은 소름 진저리로 털어내며
냉이를 캤었는데

술 마신 다음 날 아침엔
냉잇국 끓여 속을 풀어주었는데

밭을 다 둘러봐도 냉이 캐는 내 아내는 없고

웃자란 냉이가 꽃을 피워

나를 보며 아내인 양 웃고 있다

거울 속의 눈

아내가 애지중지하다 남기고 간 탁상거울
실수로 떨어뜨려 산산조각 났다
심장이 깨지는 듯 아팠다

어쩌다 이런 일이
잊힐까 두렵다

화장할 때 어깨 너머로 봤던 거울 속의 눈
반사이익의 덤으로 받았던 눈웃음
이제 그 거울 속 구멍이 메워져
더는 볼 수 없다고 생각하니
가슴이 얼음처럼 시리다

새로 사 온 거울
닦고 닦아 제자리에 놓아도 엉거주춤
주인 없는 구멍가게에 들어섰다가
허무함을 느꼈던 순간처럼 마음이 무너져 내린다

할머니 방의 낡은 갓, 할아버지를 잊지 못해
평생 선반 위에 올려놓고 기대던 마음
그것임을 알게 하는 거울이다

나는 잠에서 깨면 습관적으로
탁상 위에 놓인 거울 속에 얼굴을 묻는다
언젠가 눈웃음쳐 주던 그 덤 받기를 바라며
거울 속을 뒤진다

나민 바라보던 눈
내 눈웃음 기다리던 바보의 눈
나는 그 눈을 찾으려고
지금도 탁상거울 속을 방황하고 있다

노란 메모지

냉장고에 붙은 떡국 끓이기 래시피는
아침마다 마주하는 딸의 얼굴이다

냉장고 문 열 때마다
눈 마주치는 노란 메모 쪽지를 볼 때마다
근심 어린 딸의 얼굴이 떠오른다

간결하고 똑 부러지게 쓴 글씨체
제 엄마 딸 아니랄까 글씨체도 꼭 닮았다

사골 곰국 1팩+물 1컵 넣고 끓이기
떡 고기 파 넣고
소금 후추 간하기
추가로 계란 1개 풀어서 드세요

혼자 산다고
굶지나 않을까 걱정

떡국은 술 먹은 다음 날 내가 자주 먹던 해장국
녀석이 언제 그 사실을 알았을까?
제 자식 챙기기도 벅찰 텐데

이 노란 메모 쪽지가 내 삶의 의욕을 북돋운다

색 바랜 노란 메모 쪽지를 볼 때마다
딸의 근심 어린 표정이 어른거려
떡이 목에 걸린다

물망초

어제는 미움 하나를
먼 바다에 던지고 왔다

붙잡으면 괴로움 겪게 될 그녀와
나를 위해

슬프지만 시원했다

품고 있은들 방법도 도리도 없다는
진실을 알기 때문이다

그리고
저녁엔 그녀가 아끼던 화단에
물망초 한 그루를 심었다

다시 만날 때까지
날 잊지 말라는 뜻으로

아내의 이별가

목에 불이 나는 듯하다는
아내의 몸짓에 물을 건네지만
입에 넣자마자 토해버린다

제발 한 모금만
한 모금만 삼켜줘

먹으면 토하는 아내의 위장은
나의 애원을 지워버리고
아내는 온몸으로 이별가를 부른다

죽음을 지켜보는 것 말고는
나는 아무것도 할 수 없어
눈물을 밀어 넣으려고 하늘을 본다

아내의 생일날

전두환 시절의 겨울이었다
독재의 총칼이 내 목을 찔렀다
군사독재의 앵무새로 살아야 했는데
펜이 칼보다 강하다는 신념 때문에
첫아이 낳고 3개월 만에
나는 해직 기자가 되어 허허벌판에 던져졌다
출근하는 흉내를 내며 겨울 거리를 헤매었다
실업자에겐 짧은 겨울 해도 길었다
독감도 약한 자에게 먼저 왔다
날이 갈수록 늦게 출근하고
일찍 퇴근하던 어느 날
아내가 오감으로 냄새를 맡으려 했다
나는 슬픈 비밀을 토설하지 못하고
묵비권을 행사했다
아내의 생일이었다
주머니를 털어 붕어빵 세 개를 샀다

촛불을 켜고
나는 울면서 생일 축하 노래를 불렀다
촛농이 나보다 더 슬피 울었다
그날 나는 묵비권을 해제했다
그리고 나는 7년을 실업자가 되었다

잃어버린 꽃

뒷산에 올랐다가
연분홍 팝콘을 터트리는 꽃의 미소에 홀려
꽃 좋아하는 아내가 화단에 옮겨 심은 꽃 금낭화

아내 하늘로 가고 나서 위층에 사는 아내 친구가
친구 돌보듯이 물주고 사랑 주고
내 친구 꽃 금낭화라고 부르며 키웠다는데

아내가 꽃에 홀려 몰래 캐어다 심었듯이
누군가 그 꽃에 홀려 몰래 뽑아가 버렸는지
아내 친구가 친구를 잃은 듯
화단 경계석에 앉아 눈물바람이다

꽃을 예뻐한 죄는 죄가 아니니
아무도 안 볼 때 제자리에 심어달라고
작은 팻말을 만들어 세우고
꼭 돌아오게 해달라고 기도했다

금낭화의 귀가

CCTV라는 감시자를 생각하지 못한 사람이
꽃에 홀려 양심을 지우고 파 갔던 금낭화가
제자리로 돌아와 꽃을 피웠습니다

잃어버린 주인을 찾은 듯
금낭화가 아내처럼 웃고 있습니다

당신이 이승에 남기고 간 꽃을 찾았다고
아내 친구가 환호성을 지릅니다

사진을 찍어 하늘로 보냈습니다
우체통은 없겠지만 수취인은 당신입니다

하늘을 바라봅니다
당신이 금낭화처럼 웃고 있습니다

종착역은 아직 멀었지요

"어두운 그 길을 어찌 홀로 가나요
새들도 나무들도 슬피 우는 밤
조심조심 가세요 넘어지면 안돼요
달님이 그 길을 지킬겁니다"

장민호 가수의 '내 이름 아시죠'라는 노래가
나를 울리는 밤입니다

하늘 구만 리 길,
아직도 가고 있겠지요

어느 간이역을 가고 있나요?
종착역은 멀었겠지요

가다가 외로우면 당신도
내 이름을 불러주세요

가끔 꿈으로 오세요
잠 깰 무렵 오지 말고
잠에 취했을 때 내게 와
우리 춘천의 호반을 걸어요

당신 가고 나서
나는 구조 신호도 보낼 수 없는
무인도에 혼자 서서
장민호 가수의 '내 이름 아시죠'를 부르고 있습니다

아내가 내린 간이역

아내는 도중에 내렸습니다
장소도 이름도 알 수 없는
어느 간이역에서 내렸습니다

캄캄한 밤이어서
어디인지 기억도 나지 않습니다
갑작스런 상황에 역의 이름조차 잃어버렸습니다
희미한 불빛에 뒷모습만 보였던 정거장
눈 쌓였던 간이역만 기억됩니다

그런데도 나는 아무런 일 없다는 듯
지금도 여행 중입니다
옆자리가 비어있는 차를 몰고 먼 길을 와서야
비로소 혼자란 걸 알았습니다

밖에는 비까지 내립니다
눈물인지 빗물인지 윈도브러시는 빗물을 닦아냅니다

한기가 느껴집니다
함께 있을 땐 느끼지 못했던 허전함
그 허전함이 추위로 변해갑니다

후회할 수도 없습니다
붙잡지 못한 내가 잘못한 일이니까요
애원하고 사정해도 아내는 끝내 손 흔들며 내렸습니다

눈물이 났지만 참았습니다
그 눈물이 고여 이젠 호수가 되었습니다
흘릴 수도 없습니다
쏟아내면 폭포가 될까봐 흘릴 수가 없습니다

뒷모습 아른거리는 그 간이역
언젠간 나도 내릴 정거장이겠지만
생각하면 씁쓸해집니다
누군가 내가 내리는 정거장을 기억할까요

병원 가는 날

오늘은 아내의 진료를 위해
서울 가는 날
알람에게 새벽 여섯시에 깨워달라고 부탁했지만
잠에 취해 놓칠까봐
자다 깨다를 반복한다

비몽사몽의 새벽엔
아내의 손을 놓치는 꿈을 자주 꾸고
꿈이 잠을 깨운다

눈꺼풀에 모래가 버석거리고
벽돌 한 장을 올려놓은 것 같다

거울을 보지 않아도 내 눈의 흰자위는
물 간 생선의 눈빛일 거다

차에 시동을 건다

절망을 곁에 두고 살다 보니
스타트모터 돌아가는 소리도 갤갤거린다

'잊은 것은 없어?'
'응, 다 챙겼어'
'몸은 괜찮아?'
'응'
선문답 같은 대화가 끝난다

병원 가는 날은
살얼음을 걷는 날이다
그래서 언제나 묵언이다

열한 번째 반성문

사월은 반성문 쓰는 달이다
부탁했던 아내와의 약속을 지키지 못한
미안함에 대한 반성이다

일곱 번 집을 옮겼으나 늘 1층이었다
화단을 좋아하는 아내를 위해

그런 아내가 떠나기 전 화분 열 개를 부탁했으나
그중 일곱 개를 죽이고 말았다

죽은 화초를 꺼낼 때마다 아내 모습 떠올라
마음 뜨끔했지만, 그때마다 반성문으로 변명했다

결국 올해도 남은 화분 세 개 중 또 다시 한 개가
생을 마감한 듯 잎이 말랐다

벌써 열한 번째다
사월이 되면 베란다 창문 열기가 두렵다

변명도 낯짝이 없다는 듯
사월의 끝자락임에도 반성문의 초안조차 잡지 못해
쩔쩔매고 있다

올해는 날씨 좋은 날
아내 산소에 들러 약속 못 지켜 미안하다고
고해성사를 해야겠다

기다리는 여행 날

여보, 생각나오
퇴직 전 함께 해외여행 갔던 내 친구 영석이 부인이
창순 씨는 여자 친구를 영영 사귀지 못할 것 같다고 했답니다
내가 당신이 그립다고 쓴 시 몇 편을 읽고는 그랬다고 합니다

그래서 내 남은 삶은 어쩌라고
그럼 난 앞으로 빈 껍데기 삶을 살아야 되느냐고 항의했지요
그리곤 속으로 누가 사귄다고나 했었나 하고 웃었지요
그러나 가끔은 외로웠다고 푸념하긴 했지만

여보, 내 이야기 듣고 있소
그들은 내가 당신을 붙들고 있는지도 모른다고
아니 당신이 나를 붙들고 있는지도 모른다고

아니면 어쩜 서로가 붙잡고 놓아주지를 않아 그럴지도
모른다고도 합니다

나도 이제 모든 것을 내려놓고 어디론가 훌쩍 여행이나 떠나고 싶은 마음뿐이오
아무 생각 없이 하늘 여행하며 내 모습 내려다보고 있을 당신
그땐 우리 다시 만나 예전처럼 여행이나 함께 합시다

난 이미 여행 떠날 준비가 되어 있소
그때까지 기다려주오

날씨 좋은 날
당신 만나러 가기 좋은 날
여행 날짜 택하느라 아직 이렇게
늦어지고 있나 보오

눈물의 둥지

마음대로 뛰놀며
좋아하던 아이들 모습 아른거린다

결혼한 지 5년 만에 마련한 봉천동 24평 연립주택
나와 아내가 튼 첫 둥지다

주변 사람들은 얼마나 돈이 많기에
그 나이에 집을 장만했느냐며
신기해하고 놀라워하기도 했다
속사정 아랑곳없이

목 잘려 마련한 눈물의 둥지라고
소리치고 싶었지만, 억지의 눈물을 삼키던 기억

외벽은 6년차 퇴직금, 안방은 해직 위로금
거실은 딱하다며
누님들이 손에 쥐어준 돈으로 튼 둥지

고된 삶에 잠시 잊었던 둥지
내 인생 2막이 시작된 곳
사연이 많은 곳이어서인지
가끔은 되돌아가고 싶다는 생각에 빠져들기도 한다

눈감은 비밀

지금도 의문이다
어머니는 끝내 묻지 않고 눈 감으셨다
'왜 안 오니' 말 한마디 안 하시고

누구도 아내의 일을 어머니에게
알린 사람이 없다
어머니가 받을 충격 때문이다

아내는 어머니보다 5년 앞서 세상을 떴다
어머니의 딸 같았던 며느리였는데
마음으로 빈자리를 더듬으며 직감한 것이겠지

아들 가슴 아플까봐
당신 가슴 아플까봐
서로 말하지 못했던 비밀 아닌 비밀

비밀의 문엔 열쇠가 있었는데

왜 끝내 열려 하시지 않으셨을까
속 시원히 내가 그 비밀의 문을 열어 드릴 걸

5년이란 긴 세월
알고도 모른 채 홀로 창자가 끊어졌을 어머니
끝내 알리지 않을 걸 이제 와 후회한다

아내란 제목의 연극

아내란 한 토막의 연극
붙잡으려 하지는 않는다
단지 기억에 남는 시간이 되기를 바랄 뿐

떠나간다
주인공 한 사람이 무대 밖으로 사라졌다
순서도 조연도 없다

다음 출연자는 누구일까
감독조차 알지 못 하고
쓸쓸히 무대를 내려가야 하는 순서

대본대로 하는 연기
올 때도 그렇게 왔으니
갈 때도 그렇게 가라고 한다

아내란 시나리오 누가 썼을까
왜 헤어져야 하는 슬픈 줄거리로 썼어야만 했을까

떠나간다.

연기자 한 명이 또 무대 밖으로 사라진다

쓸쓸히

막이 내려진다

눈감은 식탁의자

아내가 앉았던 의자를 보며 지새우던 밤이
하루도 아니거늘 또 밤 새우자 머리가 생각을 보챈다
책상이 합숙하는 식탁에 앉으니
낮은 다리 밥상 앞에서 미래를 설계하던
신혼 때 일들이 기어 나온다

그도 나도 서툰 신혼생활
세 가진가 무친 반찬 앉혀놓고 겸연쩍은 낯 대하며
어색한 말 주고받았던 기억 떠올라 피식 웃는다

부엌서 쥐 튀어나와 놀라고 다슬기 먹고 다투다 사랑
삶아졌던 일들이 소매 단추에 실 꿰어 끌려가듯
실타래같이 풀려 나온다

고요가 반복되어 죽는 밤
삿갓 전등 밑 식탁 의자 모서리에 비친 아내 모습이
지친 삶의 고단함에 기대었다 바람에
힘없이 끌려가는 구름의 그림자처럼 녹아내린다

냉장고 소음은 들썩이는 등 두드리고
거실의 전등은 의미 없는 눈물에 눈총을 쏜다
영상 되감기 하며 생각이 머리통 쥐어박자
콧속에서 지근덕거리는 콧물이
반성의 눈물인 양 쏟아진다

달달함은 모든 걸 정신 잃게 하는 듯
이제 와 콧잔등 시큰하도록 후회한들,
또한 그것도 아내에 대한 배신이라며
생각과 기억이 호통을 친다

모순덩어리 내 모습 바라보았을 그녀
이제 그 발 끄는 소리의 영혼조차 사라진
눈 감은 식탁의자 앞에 앉아 지워지지 않는
과거의 허무함을 공허하게 쳐다보며 또 이 밤 지샌다

마지막 입김

지푸라기 잡는 심정으로 얼굴에
코를 묻었다

'숨 쉬어, 눈 떠봐'
간절함은 마음뿐
기적은 결코 일어나지 않았다

아내와의 마지막 이별의 순간
아내는 돌아올 수 없는 먼 곳으로
긴 여행을 떠났다

병실에서 '여보' 하는 한마디 남기고
바람처럼 사라졌다

샤워를 하다
가끔 내 입김이 욕실 거울에 서릴 때면
문득 그녀의 온기인 듯 그리움이 훅 밀려든다

아직도 그녀가 내 주위를 맴도는 듯해
샤워실 구름 속을 자주 방황하곤 한다

문지방

담뱃갑 높이도 안 되는 안방 문지방을 넘을 때마다
아내는 문턱이 왜 이리 높아졌느냐고 소리치곤 했다

오랜 병상 생활로 쇠약해져 걸음도 못 걷고
발로 방바닥을 쓸고 다닐 정도로 약해진 그녀로선 당연한 하소연

한라산 설악산도 지치지 않고 오르던 아내
여류 산악인을 자처했던 아내의 푸념을 들을 때마다 억장이 무너졌다

긴 투병 생활에 지쳐 정신 줄을 놓아버린 것일까
어느 날부터 전화번호도 잊어버리고 냉온수도 구분하지 못하는 등
이해할 수 없는 일도 자주 발생했다

부랴부랴 문턱을 낮추고 손잡이도 달아놨으나

아내의 머릿속엔 여전히 높아 보였던 듯 넘을 때마
다 엉거주춤 머뭇거렸다

나도 다리에 힘이 빠져 주저앉을 뻔했다

목련이 지는 날

나만 두고 혼자 갈 수 없어
아기 걸음으로
마당 몇 바퀴 돌다 돌아오는
아내의 얼굴은 핏기가 없다

젊은 날엔
목련의 속살이었는데
지금은 한 잎만 남은 목련의 검버섯 핀 얼굴
아내의 이승은 얼마나 남았을까

내 각시도 마지막 한 잎의 목련처럼
가야 할 때를 알고 있는 걸까

이 우주에
덩그러니 나만 남겨놓고
목련이 질 때쯤 떠나려는 건가

2

별이 숨은 액자

흔적

느티나무 아래 웅크리고 앉아 있는 아이가
아내가 아니길 바랬다

빛바랜 사진
단발머리에 또렷한 코와 입
어김없는 어릴 적 아내의 모습이다

서재에서 우연히 발견한 사진
자식들이 뒤지고 치우고 가져갔어도
그녀는 아직도 내 곁에 있었다

잊을 만하면 나타나는 흔적
망각이 구멍 날 즈음이면 어김없이 나타나
때우고 메우곤 한다

지난해에는 옥반지와 팔찌
얼마 전에는 패물 몇 개가 작은 손가방에서 발견됐다

옛집이라 더 많은 흔적들이 구석구석 있을 것 같다

수많은 흔적이 흔적도 없이 사라지지만
아내의 흔적은 비 오는 날 빗물을 타고 내려와
창문을 두드린다

사진 속 아이
그 아이는 어느새 천사가 되었다
다음 만날 때 전해줄 계획이다

아내에게 보내는 편지

하늘길 가다가
별똥별 만나면 한 줌 한 줌 따서
내게로 뿌려

나는 뜰채로 별똥별 모아
세상에 하나밖에 없는
면사포를 만들 거야

물안개 피우는 소양강에 가
물안개로 실을 자아
이승에서 가장 아름다운
웨딩드레스를 만들 거야

나 하늘로 갈 때
가슴에 꼭 안고 갈 거야

여보,
나 하늘나라에 가면

하느님을 주례로 모시고

우리 결혼식 하자

당신 꽃

언젠가 길을 가다
예쁘다며 당신이 옮겨 심어놓고 간 그 꽃
당신은 가고 없는데 당신 꽃이 피었어요

손가락 걸진 않았지만
하늘나라 가면 붉은 꽃으로 피어
내게 돌아오겠다며 유언처럼 남기고 간 그 언약처럼
사랑하는 당신이 내 앞에서 웃고 있습니다

남들은 꽃 진 자리에 꽃 피는 건
자연의 순리라고 하는데
내게는 당신의 환생입니다

화무십일홍
나는 이 말이 두렵습니다
여보, 나 당신에게 갈 때까지
몇 번이나 당신 꽃을 볼 수 있을까요

아내의 반짇고리

당신이 살아서 반짇고리에서 바늘과 실을 찾아
돋보기 쓰고 구멍 난 양말 꿰매고 있으면
자식 놈들은 양말 한 타스 사 드릴 테니
궁상 그만 떨라고 핀잔을 줄 겁니다
하지만 당신의 궁상은 결혼 5년 만에 서울 변두리 봉천동에
스무 남은 평 연립을 마련했습니다
부모가 세입자라서 자식마저 집주인 자식에게 모멸을 받게 하던 세입자의 딱지를 떼게 했습니다
당신의 궁상이 자식 놈들 대학 공부시키고
딸자식 한 지아비의 아내가 되게 했고
아들 녀석 꽃 각시의 남편이 되게 했습니다
골무를 꺼내 바라보면 희생의 피가 묻어 있습니다
당신이 남기고 간 반짇고리
당신의 분신이라 버릴 수가 없습니다
당신은 아름다운 궁상이었습니다

예감

싫었다, 그리고 말렸다
그리곤 이제 와 후회한다

결과는 예상할 수 없는 일이지만
잠결 소음에 깨면 아내는 늦은 밤임에도
소파에서 TV를 보곤 했다
고통의 삶을 슬기롭게 극복한다는 인간 승리 프로그램

팔십대 노인이 치매 아내를 지극하게 돌보는 현장
장애인 부부가 험한 삶의 현장을
사랑으로 극복하는 프로그램 등이었다

왜 우울한 프로그램을 보느냐 핀잔하면
아내는 그때마다 인간사가 다 그런 것 아니냐며
퉁명스럽게 대꾸했다

예감이란 말조차 접붙이기 싫지만 우리에게도
결국 그런 일이 닥쳤다

아내가 봉사활동을 갔다 쓰러졌다
병원에서 받은 진단은 암이었고
삼 년 반 고생하다 세상을 떠났다

지극한 마음으로 정성을 다했다
그 프로그램의 주인공들처럼 혼신을 다해
아내를 지켰다
그러나 우리의 만남은 거기까지였다

'나 당신에게 원 없는 사랑을 받았어, 하고
아내는 이승의 눈을 감았다

예감은 예상했을 뿐인데 우리에게 왔고
결국 슬프게 그 프로그램은 종영되었다

나는 신을 저주하오

외로운 시간 너무 길어 이젠 모두가 흐려지고 있어요
당신 모습도 기억도 다시 잡아줄 손길이 아쉬워요

지나면 잊혀진다는데
나는 시간이 너무 느리게 흐르고 있다오
그리고 당신이 내게 아주 소중한 사람이었다는 것을
이제야 느끼고 있으니 얼마나 철부지였소

당신 만나 사랑하고 결혼하고 아이들도 낳았으니
그만한 행운이 또 어디 있겠소

나의 기도 우리의 기도도 함께 이뤘으니
더없는 행복이었지요

심술궂은 운명의 꿈
소중한 기도만 들어주는 줄 알았는데
심술인지 장난인지
꼭 그만큼만 꿈꾸라며 당신 데려갔으니

오래도록 더 사랑하고 그리워하라고
갈라놓았을지도 모르지만, 너무 가혹한 신의 결정이오

신을 나는 저주하오
우리 꿈과 기도를 앗아간 그들을 경멸하며
되돌려 놓으라고 외치고 있소

다 소용없는 메아리
당신이 그리울 땐 신을 저주하지만 하늘나라에선
당신의 꿈 이루도록 간절히 기도하기로 했소

소중한 사람에게 도달하도록

단추

잠바의 솔기가 터졌다
덜컥 겁부터 났다

반짇고리가 어디 있나
바늘귀에 실을 어떻게 집어넣나
어디부터 꿰매야 하나
모든 게 서툴고 헷갈린다

아내가 있었으면 하고 또 아쉬워진다
'그것도 못 하는데 내가 없으면 어떡하려고…' 하던
아내의 탕약처럼 쓰디쓴 목소리가 스치듯 지나간다

말이 씨가 된다고 실제로 그 말이 씨가 되어
내 가슴 바늘로 찌른다

꾸역꾸역 잠바를 꿰매가려니 한숨이 난다
잊었던 아내가 또 그리워진다

순간 돈 번다고 큰소리치던 내 모습이
떨어진 단추 같았다

묵묵히 가정 살림 꾸리느라 애쓰던
아내 모습이 새삼 떠올라 마음 찡하다

숭늉

봄을 시샘이라도 하는 듯 을씨년스런 날씨
구수한 숭늉 생각이 난다

별맛 아니어도 왠지 그리워지는 그 맛,
구수한 향기 콧속을 찌르는 듯 목젖이 뜨겁다

넘기기 편하고 밥 향 짙어
언제나 입술 위에서 혀를 춤추게 했던 맛

허기질 땐 식량, 출출할 땐 야식
배 곯던 시절엔 끼니 몫을 하던 팔색조 음식

궁핍했던 가정에선 끼니의 품앗이로
가족 간엔 나눔의 정으로

이젠 별미 만들기 전에는
맛볼 수 없는 향수 짙은 음식

새것이 좋다지만 가마솥에 눌은
누룽지 숭늉만 하려나

나는 그 맛을 잊지 못해
밥 잘 태우는 아내가 산 구식 압력밥솥을
삼십 년째 사용하고 있다

마지막 산책

아내와 마지막으로 걸었던 산책길을 오늘도 걸었다
가다 서다를 반복하며 힘겨워하던 모습이
아직도 생생히 남아있어 가슴 아려오지만
나는 여전히 그 길을 걷고 있다
마지막까지 최선을 다하지 못한 미안함에
나는 이 길을 반성의 길로 생각하며 걷고 있다

아내는 세상 떠나기 얼마 전
느닷없이 산책을 하겠다고 했다
위중의 상태를 생각해 극구 만류했으나
아내는 마지막이 될지도 모르는데
그까짓 아픔이 문제냐며 간곡히 요구했다
오만가지 생각이 들었지만, 아내의 소원인 듯도 해
기꺼이 아내의 의견을 따랐다

이 산책길은 아내가 거르지 않고 매일 운동하던 길,
도시의 외곽으로 소음도 없고 공기도 쾌적해
산책로로써는 더할 나위 없이 좋은 곳이었다

아내는 힘들 때마다 길가에 쭈그리고 앉아
나무를 만지고 꽃냄새를 맡았다
숨이 차면 힘겹게 고개 들어 하늘을 쳐다보며
무엇인가 골똘히 생각하는 듯했다
지켜보던 내 마음, 하늘이 무너져 내리는 것 같았다
이것이 아내와의 마지막 산책이었다

아내와 내가 산책할 때마다 앉아 쉬었던 곳,
다리 밑 바위 위에 진달래가 활짝 피었다고
오늘은 꽃소식을 전했다
듣기나 하려는지 보기나 하려는지
그래도 내 마음 꽃에 담아 소식을 전한다

콩국수

콩국수 간판이 아내를 그립게 한다

첫아이 가졌을 때 유독 고집스레 찾았던 콩국수

아집인가 오해하다 아이를 가졌을 땐 다 그렇다는
어른들의 말을 듣고 뒤늦게 후회했던 일

지금도 그때 일을 생각하면 아내에게 미안하고
콩국수를 먹을 때마다 문득문득 그 일이 떠올라
국수 가락이 목구멍에 걸려 재채기를 한다

에어컨도 없던 신혼 초 단칸방 시절
첫 경험에 무서움에 떨었을 아내를 생각하면
지금도 가슴 한구석에 응어리져 있는 콩국수 가락이
울컥울컥 감긴 듯 미어져 올라오는 듯하다

더위도 잊은 채 오가며 콩국수 사 나르던 기억은
그래도 나만이 갖는 행복의 추억

철없이 들뜬 마음, 신나 했던 시절이 엊그제인데
어느새 그 아내는 벌써 내 옆을 떠나고
내 마음엔 빈 콩국수 그릇만 허무하게 남아 있다

그렇게 좋아했던 콩국수
왜 자주 사 주지 못 했을까
콩국수를 먹을 때면 괜히 미안하고 후회만 반복된다

콩국수를 한동안 먹지 않았다
콩물이 내 마음의 눈물이 될까봐

별이 숨은 액자

쏟아지는 건 별빛만이 아니었다

잊을 만하면
내 서재의 오른쪽 벽을 타고
쏟아지는 그리움

늦은 밤이면
바가지로 담아 퍼내야 할 만큼
그 양이 만만치 않다

별이 되어 우리 가족을 지켜주겠다고
다짐하던 약속
나는 밤하늘의 별을 매일 따
오른쪽 벽 액자 속에 숨겼다

별세계의 이야기
새벽에 홀로 뜨는 외로움

곤히 잠든 나에게 오고 싶어도
올 수 없어 애태웠던 마음
그리고 낮이 밝아 돌아가야 할 때가
가장 슬프다는 심정

우리의 만남은 그래서 언제나 외롭고 쓸쓸했다
운명이 슬프다며 별빛눈물 뿌리던 그녀

날이 밝아간다
액자 유리가 촉촉이 젖어가고 있음이
느껴지는 새벽이다

귤을 먹으며 쓰는 반성문

일 년 살이 한다고 제주 섬으로 간 딸은
토박이가 되려는지 4년을 살고 있다

딸이 귤을 보내오면
호두 까는 것도 아닌데
그깟 귤 까는 것도 어려워
한두 개 까먹고는 상자째 구석으로 밀어놓는다

귤을 먹을 때마다
껍질을 까서 애 입에 넣어주던
엄마 같은 아내의 사랑에
귤 하나 까서 먹을 수 없는
자식 같은 남편으로 살았다

다시 태어날 수 있다면
나는 아내의 엄마가 되어
아내 입에 귤을 까 넣어주고 싶다

커피 한 잔

첫닭도 울지 않았는데
'여보' 한마디 남기고
무엇에 쫓겼는지 신발마저 구겨 신고
당신 혼자 먼 길 가시는가
내일 밤엔 한 시간
아니, 5분만이라도 식탁에 앉아
촛불 밝히고 커피 한 잔 하다 가면 안 될까
내일 밤엔 바늘에 실 꿰어놓고
당신을 기다릴 것입니다
내 옷과 당신 옷을 꿰매어
함께 하늘로 가고 싶습니다
하늘로 가다 실밥이 터져
나 혼자 이승에 떨어지면
꿈에서 깨고 싶습니다

하루의 소원

운명의 시간이 단 하루밖에 남지 않았다면
나는 무엇을 했을까

모든 것을 체념하고 슬픔에 잠겼을까
가족과 고별파티를 열었을까

아닐 거야
그 고귀한 시간을 허투루 쓰지는 않았을 거야

소원이 이뤄진다면
아내를 만나러 천국에 다녀왔겠지
아내가 좋아했던 의암호 운무로
물방울드레스를 만들어 선물할 계획을 세웠을 거야

제2의 인생
혹여 누가 알겠어
그 소원이 천국에서 현실로 이뤄지게 될지

운명이니 어쩔 수 없어도
나는 마지막까지 아내를 다시 만나게 해달라고
간절히 기도를 올렸을 거야

천국행 급행열차 타는 꿈을 꾸며
잠들어 버리겠지

들국화

아내 산소에 가는 길
산국화도 아내의 외로움을 아는지
무리 지어 피어 있다

조화보다 생화가 낫겠다는 마음에
들국화 한 아름 꺾었다

마지막 꽃에 손을 대려는 순간
벌레도 죽이지 않았다는 부처,
인간을 제물로 바쳤다는
잉카의 제사 의식이 떠올라
꽃대에서 손을 떼었다

그렇게 꺾은 꽃 한 묶음을 산소 앞에 내려놨다
기쁠 것이라 생각됐던 마음이
꺾인 꽃을 보자 무거워졌다

주변 산소의 조화들이 나를 비웃기라도 하듯
바람결에 흔들렸다

돌아오는 길엔 마음이 더 무거웠다

꽃을 꺾었던 그 장소를 비켜 돌아
집으로 돌아왔다

순수한 사랑이라는 꽃말을
내가 퇴색시킨 것 같이 공연히 라디오 볼륨을 높였다

유리꽃병

딸이 유리꽃병을 문 밖에 내놨다
유품 정리 때도 감췄던 꽃병, 버리라고 재촉하다
가슴이 철렁했다

아내가 신혼 때 구입해 아끼던 꽃병이다

가족의 생일날, 승진한 날
마음이 울적해 돌부리에 채이던 날
언제나 꽃으로 채워주던 화병

병마와 싸울 때도 머리맡에 두었고
젖어있는 앨범 같은 35년 우리의 숨결이 존재다

알았다 대답하며 찬장 깊이 숨겨 두었었다
딸이 돌아가면 보석처럼 닦아
봄꽃 한 아름 꽂아줄 계획이다

나의 꽃인 그대에게

아내의 유언

서울의 병원에 다녀오던 날 오후였습니다
경춘 고속도로를 달리다
군자리 공원묘원 쪽을 바라보던 아내가
물기 짙은 목소리로
자기 죽으면 볕 잘 드는 양지쪽에
작은 집 하나 지어 달라고 부탁을 했습니다

교통편이 좋아야
아이들 찾아오기 편할 것 같다고
울음을 삼키며 말했습니다

사람도 죽을 때가 되면 종착역이 보이나 봅니다

아내는 유언처럼 이 말을 남기고
얼마 뒤 인연의 탯줄을 끊고
저승행 열차를 탔습니다

달빛 편지

아버지 흑백사진을 꺼내어 편지처럼 읽는다
눈으론 잘 사느냐, 표정으론 근심 걱정

이제는 달이 되신 아버지가 밤잠 설치며 쓰는 편지
달빛으로 받는다

눈썹 올린 초승달로 꾸짖고
옆모습 반달로 눈총 주고 때론 보름달로 웃으며
흐뭇해하는 달빛 편지

깜빡 잊기라도 하면
이튿날 새벽녘 그믐달로 떠서 안부 전한다

비 오며 궂은날
긴긴밤엔 또 무엇을 걱정하며 가슴앓이하시려나
구름 우체통 뒤진다

귀뚜라미 울음 보름달에 스미는 밤
밤늦도록 아버지 편지를 읽고 또 읽는다

고드름 귀걸이

물동이 이고 있던 어머니 귀밑머리에는
언제나 고드름 귀걸이가 매달려 있었다

한파주의보 문자가 '카 톡'거리면
문득 그때 모습 생각에
철없이 웃음 지었던 기억이 떠오른다

물동이 이고 두 손 가슴팍에 묻은 채
싸리문 들어서던 어머니
황소 콧바람같이 내뱉던 거친 숨소리
육십여 년이 지난 지금도 내 귓전을 맴돈다

꼭지만 돌리면 쏟아지는 온수
온종일 군불 때듯 보일러로 데워진 방안의 온기
좋은 세상 한번 누려보지 못하신 어머니
찬 바람 불 때마다 생각이 난다

한파 속 난방과 끼니 걱정에 한숨짓던 신음
겨울만 되면 그 소리 칼바람이 되어
내 가슴에 얼음이 배인다

올겨울은 유난히 춥다고 한다
선산의 어머니 고드름 귀걸이를 달고
문밖을 서성이시는 것만 같다

'가을'이란 제목의 연극

가을은 한편의 단막극
화려하게 올렸다
쓸쓸히 막을 내리는 연극이다

꽃도 황금 들판도 무대의 배경이 바뀌면
한순간 바람처럼 사라진다는 줄거리
엔딩크레딧처럼 올라가며 사라진다

이별 장면은 떨어지는 낙엽처럼 익숙하다
누가 슬픈 시나리오를 썼을까

우리는 매년 이 연극을 관람해야 한다

겨울 문턱에 선 늦가을
무대 뒤편에선
새 배역을 맡은 낙엽들이 추위에 떨며
다음 공연을 위한 리허설이 한창이다

3

그대 내 마음에 담아

가족

가족은 마음의 샘이다
끊임없이 퍼내어도 고이는 내 마음속 우물이다

어머니 한숨, 아버지 헛기침 소리
역한 땀 냄새 잊혀지지 않아도
나는 언제나 그 우물 찾아 물을 떠 마신다

별빛 같은 그리움을 펼쳐보는 그림책
샘솟는 기억마다 두레박으로 퍼 올리는
눈물의 우물이다

이제는 빈 우물터
맞아줄 부모님 없지만 가족이란 그림자는
늘 그곳에 머무르며 아른거리는 물방울이다

손가락 깨물어 아프지 않은 것 있겠느냐며
정성껏 키워주신 부모님

고마움 느낄 새 없이 지나간 시간
꿈꾸듯 흘러간 옛일들이 아린 물방울로 떠오른다

우물물 다 어디로 갔을까
갈증에 목은 타는데

빈 우물터엔 서둘러 흘러간 부모 형제들의
그림자만 쓸쓸히 어른거린다

고드름

처마 밑에 거꾸로 매달린 고드름은
어머니 한이 만든 사리舍利다

소박 걱정에 집 못 나서고
처마에 매달려 눈치 보며 흘리는
눈물의 얼음기둥이다

차마 들킬까, 속마음 얼음에 묻고
겨우내 녹기를 기다리는
애달프고 슬픈 신세의 얼음 눈물이다

남편과 자식 투정 고루 묶어 매달고
이제나저제나 녹기를 기다리며 기도하는
어머니 마음의 돌부처다

속 모르고 커지는 고드름
뚝뚝 끊어져 바닥에 구르기라도 하면
가족이 뭔지 마음이 끊어져 내린다

지성이면 감천이라
새벽녘 자식 고드름 부러졌건만
야속한 남편 고드름은 아는지 모르는지
밤사이 길이만 더 길어졌으니

시집살이 속상하면 뒤집어 보라던 어머니 말
보름달 얼굴로 상기되니 가슴만 더 아려온다

어머니 눈물이 겨울 처마에서 뚝뚝 떨어진다

그대 내 마음에 담아

그대는 석양에 물든 저녁노을
입술에 담긴 마음은
내 가슴 속의 노을입니다

석양빛은 그대의 영혼
나는 그 전부를 사랑합니다
티 없이 맑은 그대의 영혼에
내 영혼 스며들어 잠이 듭니다

변치 않을 약속의 십자가 그으며
그대의 모든 것을 사랑하려 합니다

그대의 영혼 속에 깃든 노을빛

석양에 지는 발강 노을의 빛
한 아름 안아 내 마음에 전해줄 수는 없는지

사랑하는 그대여

그대는 나의 전부요
나 또한 그대의 전부입니다
열정의 마음으로 그대를
내 마음속에 안아 가두려 합니다

사랑하는 당신의 모든 마음을

구름 편지

친구야
우리 멀리 있다 생각하지 말자

자네가 흘린 땀 구름 되고
그 구름, 하늘에서 우리 만나게 해주지 않겠는가

간들 어디를 가겠는가?
바다에 간들, 나무뿌리에 간들
구름 되어 되돌아오거늘

그리워지면
물 한 그릇 떠 놓고 편지를 쓰시게
그 구름 편지 읽고 난 답장 쓰겠네

장문의 편지는 소낙비로 전하시게
그 비, 자네인 듯 맞겠어
당신 소식으로 흠뻑 젖겠어

그제는 높새구름 편지
어제는 뭉게구름 편지
먹구름이어도 괜찮아

오늘도 난 자네 편지 기다릴 테니

낙엽 공동묘지

수북하게 쌓인 낙엽
입관入棺 순서를 기다리는 낙엽들이 길게 줄 서 있다
빨강 노란색에 갈색까지 수의壽衣도 가지각색
사연도 기구하다

영양가 없는 시간과 과욕이 빚어낸 부작용
억울해했다
어떤 낙엽은 다 성장했다고
또 한 낙엽은 장남이라 입 덜려 쫓겨났다고

함께 태어나고 가는 것도 행운
할머니 돌아가시고 외로워하는
느티나무 집 할아버지보다 자신들 처지가 한결 낫다며
스스로를 위로했다

이웃 낙엽들 다 떠났는데
마지막 낙엽 갈팡질팡 마음 갈피 잡지 못했다

바람이 세차게 불었다
바닥의 현실은 바닥이었다
아무렇게나 누워 죽어가는 낙엽

느티나무 밑 낙엽 공동묘지에서는
합동 다비식茶毘式이 열렸다

나는 벽 보는 의자

오늘도 벽과 눈싸움 중이다
그와 나는 수년째 서로 마주보고 산다

눈싸움 중인 내 콧잔등에 파리가 날아와 앉아
두 발 비비며 세수를 하곤 똥만 싸고 날아갔다

간지럽다, 그러나 움직일 수가 없다
이 똥은 집안에 큰일이나 있어야 닦여질 참이어서
그때까지 기다려야 한다

집안 분위기가 예전 같지 않아서
이번엔 꽤나 오래 걸릴 듯하다

아침햇살이 돌아앉은 내 등을 따스하게 덥힌다
어깨를 주무르겠다고 찾아온 바람은
손아귀 힘이 너무 세 아직도 어깨가 욱신욱신하다

이따금 구름이 벽에 들러 위로한다

올해는 경기가 찬바람인가 보다
가족 모임이 잦았던 지난해엔
곧잘 거실 가운데 자리를 차지하곤 했으나
요즘은 모임은커녕 식구들 얼굴조차 보기 어렵다

언감생심인가
창고에 처박혔다 불쏘시개가 될지도 모를 처지에
가운데 자리 기대는 웬 헛꿈, 기능의자인가
뭔가가 나타나 밀려나며 이제 벽 보는 신세

그래도 꿈을 꾼다
요즘 복고풍이 대세라 언젠간 또 옛 명성의 영광이
다시 오지 않을까 하는 은근한 기대감을 갖는다

바람 손님

새벽에 문 두드렸네요
잠결에 얼핏 문소리 듣고도
다시 잠이 들어버렸었나 봐요

그제도 어제도 소식 없어 궁금했는데

울타리 옆 구절초 군데군데 피어
꽃단장하고 오시기를 기다렸는데
마을 둔덕에 흩뿌려져 핀 키다리 코스모스
목 빼고 기다렸는데

오신다던 바람 손님 며칠째 소식 없었으니
기다리는지 받으려는지 물어도 대답 없이
낯만 붉히니 속마음 알 길 없어 내 마음만 탔습니다
오신 김에 소식 기다리던 임 두루두루 만나
묻는 사연이나 시원히 알려 주세요

묻는 사람도 물을 사람도 없지만
저는 바람 손님 앞에만 서면 절로 고개 숙여지며
손에 얼굴을 묻게 됩니다

가시는 길 바쁘더라도 지나는 김에 들러
서낭당 들국화에 제 마음 좀 전해주세요

갈피 못 잡는 내 마음 좀 잡아 달라고
흔들리는 마음 진정 좀 시켜달라고 전해주세요

애타는 마음 바람 손님 편에 전한다고

마지막 낙엽의 눈물

바닥에 구르는 낙엽
서둘러 가을을 싸안고 떠나려 한다
짐을 못 싼 낙엽들 마음 조급해 안달이다

겨울 대비 월동 준비 못 했는데
벌거벗겨질 나무 불쌍해
차마 발걸음 떼지 못하는데

야속한 바람은 떠나자고 보채고
답답한 마음엔 원망만 커진다

이웃의 낙엽들 다 떠났건만
마지막 낙엽 갈팡질팡 갈피 못 잡고
뛰어내릴 마음 주저한다

뛰고도 차마 볼 수 없어
허공을 뱅뱅 돌며 곁눈질로 떨어진다

바람도 아픔을 알았을까 살살 불었다

바닥의 현실은 비참했다
아무렇게나 누워 죽어가는 낙엽
썩어가는 시체

퇴색한 잎엔 눈물인가 서리인가
촉촉이 물기에 젖어 있었다

돌아오는 날

어머니는 돌아오는 날을 싫어했다
쉬지 않고 돌아온다고 늘 푸념을 했다
연초가 되면 새 달력을 펼쳐놓고
한바탕 도색작업을 벌였다

1월에는 시어머니와 남편 제사
2월은 시아버지 제사와 아들 생일
3월은 큰딸과 셋째아들 생일
4월은……

줄줄이 달력에 동그라미를 쳐
새 달력이 온통 빨갛게 변하지만
정작 당신 생일 표시는 없었다
어머니 생일 표시는 하지 않느냐고 물으면
나도 돌아오는 날이 싫은데
너희들도 마찬가지 아니겠느냐며
큰애 생일 다음 날이니 그때 얻어먹으면 된다고
대수롭지 않은 듯 대답하셨다

5년 전 어머니가 돌아가셨다
나는 지금도 어머니 기일보다 생일날을 더 기억한다
어린 마음에도 어머니 말이 깊숙이 박혀 잊지 못한다

나도 돌아오는 날이 싫다
제사에 아이들 등록금, 자동차세, 재산세 줄줄이
왜 이렇게 돌아오는 날이 많은지

그래도 가는 날보다는 돌아오는 날 맞는 게 낫겠지
생각하며 씁쓸히 제사상을 차린다

양파와 어머니

양파는 별을 숨긴 우주

벗기고 벗겨도 알 수 없는 세계
자르고 벗겨도 겹겹인 어머니 마음 같은 그 속은
또 얼마나 깊을까

노란 껍질은 비밀을 지키기 위한 장막
톡 쏘는 냄새는 삶의 방어벽
먹다 남기면 물러지는 모습이
어머니 모진 삶의 흔적이다

겹겹이 감싸 안던 아량
깊숙이 파묻힌 알맹이는 한의 응어리

벗기고 자르면 또 눈물
훔치고 훔쳐도 흐르게 하는 눈물의 샘
매운 재료가 되어 가족을 위해 몸 부서지며 희생한다

양파는 맵도록 눈물의 샘을 판다
어머니는 양파를 벗기며 가끔 먼 산을 바라보다
뒤돌아서 눈물 훔친다

당신 삶의 과거를 생각하며 흘리는
회한悔恨의 눈물일까

한 번쯤 가로로 잘라 보았으면
새로운 우주의 세상,
새 별자리를 발견했을 텐네

왜 외롭게 혼자만의 우주에 갇혀 살고 계셨을까

흑백사진 한 장

흑백사진 한 장
우리 아버지의 유일한 유품이다

칠 대 삼으로 가른 머리
교복 같은 정복, 앳된 모습의 흐릿한 흑백사진
유일한 아버지의 영정사진이다

사진도 없이 제사 지낸다는 소식에
둘째 고모님이 어렵게 구해준 사진

경찰이었던 아버지
육이오가 나자 어머니가 아버지 사진을
모두 아궁이에 넣고 불태워
증명사진 한 장 남지 않았다
잘못되면 멀리 도망가
남인 듯 살아가며 목숨 부지하라는
어머니의 애틋한 마음이 숨겨진 사연이 있다

제사 때는 으레 눈물바다였다
사진을 닦으며 눈물 흘리던 어머니,
덩달아 따라 울던 우리
아버지 제사는 늘 울음바다였다

공산당을 손끝까지 미워하셨던 어머니
임종 직전까지도 욕을 그치지 않았다
핏줄을 끊은 나쁜 놈들이라고

아직도 꿈속에서 자주 나타나는 어머니
그 한이 아직도 풀리지 않은 듯 성난 모습이다

흑백사진을 바라보며 돌이켜보는 세월들
전쟁은 아직도 진행 중이다

그림자

운명이니 받아들이라고 했다
어머니는 나와 평생 함께 지내야 할 친구 사이라며

그 애는 어머니 말대로 내가 첫발 뗄 때부터
친구가 됐다
드러내지는 않았지만, 꼭 내 옆에 붙어 다녔다

그 애는 나와 같은 해 같은 날 태어났다
성격은 잘 모르지만 모습은 꼭 나를 빼닮았고
행동도 닮았다

어떤 때는 마치 내 분신인 양 행동까지 똑같게 해
나 스스로조차 놀라 의심할 정도였다

걸음마 무렵엔 너무 졸졸 따라다녀 귀찮아할 때도
어머니는 그 애는 너와 뗄래야 뗄 수 없는 친구이니
사이좋게 지내라고 하셨다

그런데 왜 얼굴은 보이지 않느냐고 묻자
어머니는 그 아이는 본래 태생이 그러하니
더는 알려 하지 말라 하셨다

세월이 흘러 늙었다
녀석도 함께 늙었다
모습에 힘이 없다

불쌍한 친구라 생각됐다
자기 의지 한 번 못 펴고 평생 내 곁을 지켜온
그 애가 고맙기도 하고 안쓰럽게 느껴졌다

그래도 나와 함께 산 덕에 이름 석 자는 남길 것 같다
그 애의 이름은 내 그림자다

낙엽의 이별

이별을 위한 꽃단장
떠나는 길 슬픔 보이지 않으려 화장을 한다
이별의 수순이다

벌겋게 멍든 가슴 붉은색 원피스로 숨기고
새까맣게 탄 검은 속마음
노란색 카디건 걸쳐 감춘다

겨울은 아직 멀리 있는데 서둘러 떨어지는 것은
슬픈 상처 모두 안고 가려는 배려

추운 겨울이 아님에도 서둘러 떨어졌으니
그녀는 낙엽이었나 보다

비바람에 치이고
세상사에 벌겋게 멍든 상처만 안은 채
쓸쓸히 별 되어 떠났으니

우리의 삶은 허울로 덧씌워진 가면
수많은 사연 안고 말라가는 한낱 나뭇잎,
낙엽일 뿐이다
풀벌레에 뜯기고 비바람에 찢겨
구멍 숭숭 난 상처투성이

단풍의 오색은 오색의 멍
단풍은 가을의 꽃이 아니다
눈요기를 위한 자연의 장식품도 아니다

속박된 세월이란
톱니바퀴에 매달려 돌아가다 떨어지는
색깔 있는 한 방울의 눈물일 뿐이다

눈

장에 다니시던 우리 어머니
눈 내려 쉬게 생기셨네

푹푹 쌓인 눈
치우느라 애는 먹지만
오늘만은 홀가분하고 힘이 넘치네

말리려 해도 말리지 못했던 어머니의 고집
오늘은 내 맘 아니어도 눈이 고맙네

하느님,
추운 겨울날에는 눈이라도 자주 내려주세요
우리 어머니 장날 장사 망치게

좀 덜 먹으면 어떻고 살림 좀 쪼들리면
어떻습니까

그러나 하늘 쳐다보며 근심 걱정할 저 모습은
또 어찌 볼까요

내 마음 이럴 땐 어떻게 해야 하나요
내 마음 나도 알 수가 없네요

고갯길 눈 녹으려면 사나흘은 걸린다는데
어머니 그사이 몸져누워 병이나 나지 않으실까
내 마음은 벌써 폭설에 갇혔습니다

겨울 고향

눈 내리는 밤이면
눈발의 캔버스에 고향 정경 그린다

초가지붕 위의 눈
고드름 발에 갇혔던 고향 집 처마
눈밭에 찍혔던 상상의 동물 발자국 하나하나
캔버스에 옮겨본다

조카들 온다는 소식에 올무 놓아 잡은 산토끼
가죽 벗겨 처마에 걸어놓던 큰아버지

칼바람에 동태로 대롱대롱 매달려
기다림에 지쳤던 토끼 육포

큰어머니 만든 털 귀마개
찜통에 끓여 먹던 토끼탕 생각에
고향 정취 봄눈 녹듯 나른해진다

새끼 돼지들 죽통에 코 박고
곳간 축내려는 듯 다투었던 고만고만했던 생각들

멀찌감치 뒤로 내앉아 미소 지으며 쳐다보곤
흐뭇해하시던 큰어머니

겨울바람에 흩뿌려 흩어지던
고향 집 굴뚝 연기는 기억이 희미해
청록색 하늘로 채색한다

고향 선산은
캔버스 한구석 빈 공간을 남겼다

오일장에서

장터 한 귀퉁이 간이천막 옆 부뚜막
가마솥에 소고기 육수가 용암처럼 끓는다

어린 날의 향수가 내 마음보다 먼저 다가가
나무 식탁 한구석에 나를 앉히고 국밥 한 그릇을 시킨다

먼 산골에서 온 듯한 노부부도 국밥을 시킨다
다 먹으면 할머니는 어린 날 내 어머니처럼
고쟁이 속에 손을 넣어 꼬깃해진 돈을 꺼내 셈을 하리라
나는 막걸리 한 병을 시켜
아버지 같은 노인에게 한잔을 건넨다
노인은 탁배기를 마시고
어린 날 아버지처럼 손등으로 입을 닦는다
아버지 어머니의 빛바랜 흑백사진이 다가와 나를 울린다

정채봉의 시처럼 아버지 어머니 하늘에서 며칠만 모실 수 있으면
아니 단 하루만, 아니 아니 단 오 분만이라도 만날 수 있으면
시골 주막에 함께 앉아
세상사 서러웠던 일 고자질하며 어머니 품에 안겨 울고 싶다

소머리국밥을 먹을 때마다

우려낼 대로 우려내어
우윳빛 국물은커녕 기름 한 방울조차 없는
사골처럼 살다 가신 아버지가 생각난다

설렁탕 한 그릇으로 가난한 위장을 위로하고 싶지만
부리를 벌리고 먹이를 기다리는 자식들 때문에
문도 열지 못하고 돌아서서
칼국수 한 그릇으로 허기를 속이셨던 아버지

온종일 밭 갈다 죽어서는 인간들의 양식이 되고
머리마저도 소머리국밥이 되는 소처럼
가장의 무게에 몸이 휜 아버지

소머리국밥을 먹을 때마다
에밀레종 소리보다 슬픈
아버지의 워낭 소리를 듣는다

대합실에서

눈 덮인 신발을 털고는 대합실에 들어선다
석탄난로가 객을 맞고 괘종시계는 하품을 한다
열차 올 시간이 되었는데
역무원들은 잡담으로 희희낙락이다

완행열차는 또 연착인가 보다

대합실의 사람들이 풋잠에 든다
나도 하품을 한 번 쏟고는 눈을 감는다

잠결에 아내를 만난다

약속한 사람
이 우주에 나 혼자 덩그러니 두고
저승행 급행열차를 타고 간다

사랑이 고갈된 현대인에게 보내는, 죽음을 넘어선 사랑의 손편지

—최창순 시인의 시집 『별이 숨은 액자』

송연숙(시인)

최창순 시인의 시집 『별이 숨은 액자』를 한 번에 읽어내는 일은 결코 쉽지 않다. 문장이 난해하거나 언어가 낯설어서가 아니다. 시 한 편 한 편마다 숨어 있는 아내에 대한 지극한 사랑에 가슴을 저며오고 눈물이 자꾸만 차올라 책장을 넘기지 못하기 때문이다.

처음엔 "해진 양말 틈으로 보이던 아내의 속살"이라는 시구에 멈췄다. 그 구멍으로 스며든 봄기운이 그녀의 몸을 지나 내 마음에까지 닿았다는 고백 앞에서, 나는 시집을 내려놓고 커피를 내렸다. 다시 한 편을 읽고는 운동장을 몇 바퀴 돌았다. 그리고 하늘을 한참 올려다보며 가만히 서 있었다.

롤랑바르트는 "글을 쓴다는 것은 멈출 수 없는 말의 메아리를 만드는 것이다."[1]라고 했다.

이 시집에선 최창순 시인이 부르는 사랑의 노래가 메아리처럼 퍼진다. 꽃처럼 피어난다. 달빛처럼 잔잔하게 출렁이기도 한다. 이 시집엔 당신의 아내도, 나의 누군가도, 함께 들어 있다.

"아무 일 없이 잘 지내다가도 어느 날 갑자기 닥치는 것이 상실이다. 믿었던 사람, 사랑했던 사람이 내게서 떠나가는 일. 그것이 사별이든 이혼이든 아니면 또 다른 이별이든 상대가 떠남으로써 그 사람과 맺었던 모든 관계까지도 잃어버린다. 그것이 어디 사람뿐일까. 인생의 여정 동안 우리는 젊음을 잃고 직장을 잃고 돈을 잃고 건강도 잃는다. 이러한 상실은 생각보다 자주 그리고 예고 없이 일어나서 우리를 무척 당황스런 상황으로 몰고 간다." [2]

---

1) 롤랑바르트. 『롤랑바르트 명언 30 영문으로 읽어보기』 GOT. 자기개발. P14. 2023.

최창순 시인도 어느 날 예고 없이 아내의 죽음이라는 상실과 마주한다. 하지만 이 시집은 아내의 죽음을 노래한 상실의 시집이 아니다. 죽음 이후에도 여전히 사랑은 살아 있다는 것, 그것을 견디고 감당하며 써 내려간 '살아남은 자의 연서戀書'이다.

최창순 시인은 한때 해직 기자였다. 전두환 정권 시절, 펜보다 총칼이 세다고 말하던 시대에 펜을 꺾지 않기로 선택했던 사람. 첫아이를 낳은 지 3개월 만에 거리로 내몰렸고, 아내의 생일엔 붕어빵 세 개로 촛불을 밝혀야 했던 시간이 있었다. 이 시집은 시대와 가난과 상실을 통과해 살아남은 사랑이 어떻게 늙어가는지를 기록한 '한 남자의 자서전'이다.

"사랑은 싸움이고, 사랑은 전쟁이고, 사랑은 성장이다."[3]이라고 롤랑바르트는 말했다. 현대는 사랑이 메말라가고 사막화된 시대, 자판기 커피처럼 쉽게 만나고 쉽게 헤어지는 인스턴트 시대이다. 이 시집은 사랑이 얼마나 숭고할 수 있고, 아름다울 수 있는지 보여준다. 그래서 이 시집은 사랑의 싸움과 전쟁에서

---

2) 채정호.『이별한다는 것에 대하여』, P11. 밀리의 서재.

3) 롤랑바르트.『롤랑바르트 명언 30 영문으로 읽어보기』 GOT. 자기개발. P21.2023.

승리하고 돌아온 자의 기록을 담은 상처투성이 '사랑의 보고서'다. 진정한 사랑이 무엇인지 질문을 던지는 자는 이 시집에서 답을 얻어보라고 나는 감히 말할 수 있다.

느티나무 아래 웅크리고 앉아 있는 아이가
아내가 아니길 바랬다

빛바랜 사진
단발머리에 또렷한 코와 입
어김없는 어릴 적 아내의 모습이다

서재에서 우연히 발견한 사진
자식들이 뒤지고 치우고 가져갔어도
그녀는 아직도 내 곁에 있었다

잊을 만하면 나타나는 흔적
망각이 구멍 날 즈음이면 어김없이 나타나
때우고 메우곤 한다

지난해에는 옥반지와 팔찌

얼마 전에는 패물 몇 개가 작은 손가방에서 발견됐다
옛집이라 더 많은 흔적들이 구석구석 있을 것 같다

수많은 흔적이 흔적도 없이 사라지지만
아내의 흔적은 비 오는 날 빗물을 타고 내려와
창문을 두드린다

사진 속 아이
그 아이는 어느새 천사가 되었다
다음 만날 때 전해줄 계획이다

—「흔적」 전문

최창순 시인의 시를 읽는다는 건, 부재하는 존재를 끝까지 기억해 내는 감각의 여정을 따라 걷는 일이다. 그가 잃은 것은 단지 한 사람만이 아니다. 그 사람과 함께했던 냄새, 눈빛, 말투, 조용히 방을 감싸던 체온까지, 삶에 스며 있던 모든 사랑의 요소가 함께 사라졌다. 그러나 시인은 그 사라진 것들을 단념하지 않는다. 오히려 흔적을 수습하는 언어로 다시 아내와 살아가려 한다. 시 「흔적」은 그 대표적인 예다.

오래된 사진 속 아이는 이미 떠난 아내의 어릴 적

얼굴을 닮았고, 가방 안에 남겨진 반지와 패물, 빗속에서 문을 두드리는 기척은 지금도 그가 잊지 못하는 부재의 증거들이다. 이러한 감각적 소환은 단순한 회상이 아니라, 지워지지 않는 사랑의 반사체다.

"문학 작품에서도 흔적의 개념은 자주 등장합니다. 마르셀 프루스트의 대작『잃어버린 시간을 찾아서』를 예로 들어보겠습니다. 이 소설에서 주인공이 마들렌 과자를 홍차에 적셔 먹는 순간, 과거의 기억이 되살아납니다. 이 마들렌의 맛은 과거의 흔적으로, 이미 사라진 시간을 현재로 불러옵니다. 프루스트는 이 작은 경험을 통해 기억의 본질과 시간의 흐름에 대한 깊은 통찰을 제공합니다. 이는 데리다가 말하는 흔적의 개념을 잘 보여주는 문학적 예시입니다. 우리의 현재 경험 속에는 항상 과거의 흔적이 스며들어 있으며 이를 통해 우리는 시간의 연속성과 단절성을 동시에 경험하게 됩니다." [4]

자크 데리다가 말한 것처럼 시인은 그런 흔적을 따라, 사라진 아내를 다시 '지금 여기'에 데려온다. 그녀는 없다. 하지만 그녀의 온기, 그녀가 남긴 사물,

---

4) 로버트 박.『현대인을 위한 자크 데리다의 철학』. P22. 밀리의 서재.

그리고 무엇보다 그녀를 기억하려는 시인의 언어 안에서 그녀는 여전히 존재한다. 마르셀 프루스트가 『잃어버린 시간을 찾아서』에서 마들렌 과자 하나로 전 생애의 기억을 소환했던 것처럼, 최창순 시인의 시에서는 사진 한 장, 냉이 향기, 탁상거울의 눈웃음이 기억의 문을 연다. 그 문 너머에는 단지 과거가 아니라, 지금 이 순간에도 지속되는 사랑이 있다.

아내가 봉사활동을 갔다 쓰러졌다
병원에서 받은 진단은 암이었고
삼 년 반 고생하다 세상을 떠났다

—「예감」 중 일부

아내는 암으로 세상을 떠났지만, 이 시집은 상실의 기록이 아니다. 오히려, 사랑의 흔적을 끝까지 수집하는 사랑의 고백이다.

터진 "잠바의 솔기", "콩국수 간판", "귤을 먹을 때마다", "석양에 물드는 저녁노을", "샤워를 하다 가끔 내 입김이 욕실 거울에 서릴 때", "반짇고리에서", "퍼내도 고이는 내 마음속에서" 시인은 "문득 그녀의 온기인 듯 그리움이 훅 밀려든다"고 말한다.

망각이 구멍 나는 순간마다 다시 나타나 "때우고 메우"는 아내의 흔적들, 그 흔적과 함께 살아가려는 시인의 다짐, 그리고 언젠가 다시 만나 전해줄 말을 품고 있는 그 기다림, 이 모든 것이 최창순 시인의 시가 품은 시간의 정직함이며 죽음 이후에도 지속되는 사랑의 언어다.

냉이를 보면
냉이 캐던 아내의 모습이 불현듯 떠오른다

3월이 오면 기지개 켜듯
들판 휘젓고 나니던 그녀
구멍 난 양말 틈으로 하얀 발목이 드러났었다
움직일 때마다 다양했던 무늬의 발목 신기해
피식 웃었던 기억이 새롭다

속살은 하얀 풀벌레 기어가는 듯했고
걸을 때는 커졌다 작아졌다
스물스물 꿈틀거리는 애벌레 같았다

아내의 봄은 해진 양말 속살부터 오는 듯

아마도 그 구멍으로 봄기운이
애벌레처럼 스며들었을 테지

알뜰하고 검소했던 아내
그날의 기억은 영원히 아픈 나의 손가락
온갖 시련 겪고도 묵묵히 가정을 일으킨 그녀

3월이 되면
냉이 향 같은 아내 생각
애벌레처럼 꿈틀대며 스며드는 아내 생각에
벌판이 노랗도록 어지럽다

—「아내의 봄은 해진 양말 속살부터 오는 듯」 전문

최창순 시인의 시는 사랑을 붙잡는 언어다. 단순한 그리움이 아니라 부재하는 이를 지금 여기로 끌어오는 감각의 의식에 가깝다. 그의 시 속에서 사랑은 결코 끝나지 않는다. 시인이 다시 불러낸 장면 속에서 아내는 봄마다 냉이를 캐며 들판을 누비고, 그녀의 하얀 발목은 해진 양말 구멍 사이로 "속살은 하얀 풀벌레 기어가는 듯" 꿈틀거린다. 「아내의 봄은 해진 양말 속살부터 오는 듯」은 시인의 기억이 얼마나 구체적이고 다정하게 발화되는가를 보여주는 대표작이다. 사랑은 드라마틱한 사건보다 작고 사소한 디테일 속에서 깊이 발효된다. 무늬 다른 발목 양말, 하얗게 드러난 살결, 움직일 때마다 달라지는 그 모습에서 시인은 아내의 봄을 본다. 그는 말한다. "아마도 그 구멍으로 봄기운이 / 애벌레처럼 스며들었을 테지." 이 문장에서 우리는 슬픔보다 먼저 시인의 따뜻한 시선과 사랑의 감각을 발견하게 된다. 그것은 죽음 이후에도 사랑이 어떻게 살아남는가에 대한 정직한 증언이다.

아내가 애지중지하다 남겨준 탁상거울
실수로 떨어뜨려 산산조각 났다
심장이 깨지는 듯 아팠다

어쩌다 이런 일이
잊힐까 두렵다

화장할 때 어깨너머로 봤던 거울 속의 눈
반사이익의 덤으로 받았던 눈웃음
이제 그 거울 속 구멍이 메워져 더는 볼 수 없다고

생각하니 가슴이 얼음처럼 시리다
새로 사 온 거울
닦고 닦아 제자리에 놓아도 엉거주춤
주인 없는 구멍가게에 들어섰다
허무함을 느꼈던 순간처럼 마음이 무너져 내린다

할머니 방의 낡은 갓, 할아버지를 잊지 못해
평생 선반 위에 올려놓고 기대던 마음
그것임을 알게 하는 거울이다

나는 잠에서 깨면 습관적으로
탁상 위에 놓인 거울 속에 얼굴을 묻는다
언젠가 눈웃음쳐 주던 그 덤 받기를 바라며
거울 속을 뒤진다

나만 바라보던 눈
내 눈웃음 기다리던 바보의 눈
나는 그 눈 찾으려고
지금도 탁상거울 속을 방황하고 있다

—「거울 속의 눈」 전문

「거울 속의 눈」은 상실의 깊이를 더 적막한 감정으로 드러낸다. 아내가 생전에 애지중지하던 거울을 실수로 깨뜨렸을 때, 시인의 마음도 함께 산산이 부서진다. 그 거울은 단순한 사물이 아니라, 두 사람 사이의 기억과 시선, 그리고 존재의 반사면이었다.

그 거울이 없어진 자리에 새로 들여온 거울은 "엉거주춤"하다. 시인은 말한다. "주인 없는 구멍가게에 들어섰다 / 허무함을 느꼈던 순간처럼 마음이 무너져 내린다" 새 거울은 기능은 같지만, 기억을 담을 수 없기에 쓸쓸하다. 데리다의 '흔적' 이론에 비추어 볼 때, 이 거울은 '존재의 흔적을 반사하던 창窓'이었다.

그녀는 떠났지만, 그녀의 눈빛, 웃음, 그리고 자신을 바라보던 사랑의 시선은 거울이라는 매개 속에서 끊임없이 지금 여기로 돌아온다. 프루스트의 마들렌 과자가 기억을 소환했던 것처럼, 시인은 거울, 양말, 냉이 향기, 심지어 빗소리까지 감각의 조각들로 사랑하는 이의 온 존재를 복원해 낸다. 결국 시인은 이렇게 말하고 있는 듯하다. 사랑은 시간이 지나도 사라지지 않는 감각의 편린 속에 머물러 있고 나는 그것을 시로 붙들며 다시 살아간다고.

전두환 시절의 겨울이었다
독재의 총칼이 내 목을 찔렀다
군사독재의 앵무새로 살아야했는데
펜이 칼보다 강하다는 신념 때문에
첫아이 낳고 3개월 만에
나는 해직기자가 되어 허허벌판에 던져졌다
출근하는 흉내를 내며 겨울 거리를 헤매었다
실업자에겐 짧은 겨울 해도 길었다
독감도 약한 자에게 먼저 왔다
날이 갈수록 늦게 출근하고
일찍 퇴근하던 어느 날
아내가 오감으로 냄새를 맡으려 했다
나는 슬픈 비밀을 토설하지 못하고
묵비권을 행사했다
아내의 생일이었다
주머니를 털어 붕어빵 세 개를 샀다
촛불을 켜고
나는 울면서 생일 축하 노래를 불렀다
촛농이 나보다 더 슬피 울었다
그날 나는 묵비권을 해제했다
그리고 나는 7년을 실업자가 되었다

—「아내의 생일날」 전문

사랑은 비단 행복한 순간만을 공유하는 감정이 아니다. 진짜 사랑은 함께 추운 계절을 견디는 동안 내가 아닌 너를 먼저 생각하게 되는 마음에서 자라난다. 최창순 시인의 시 「아내의 생일날」은 그런 사랑의 시작점, 고통 속에서 자라나는 사랑의 증언이다.

전두환 시절, 독재의 칼날 앞에서 펜을 꺾지 못했던 기자는 한순간에 해직된다. 첫아이를 낳고 겨우 석 달 된 아내를 두고, 그는 실업자 신분으로 겨울 거리를 맴돈다. 사실을 말하지 못하고 "묵비권"을 행사한 그는 결국, 아내의 생일에 "붕어빵 세 개"와 "촛불"을 놓고 무너진다. "촛농이 나보다 더 슬피 울었다"는 이 시 전체의 심장을 꿰뚫는 언어다.

이승우 작가는 『사랑의 생애』에서 이렇게 말한다. "사랑하는 사람은 사랑의 숙주이다. 사랑은 누군가에게 홀려서 사랑하기로 작정한 사람의 내부에서 생을 시작한다."[5] 그날 이후, 시인의 내부에서 사랑은 숙주로서의 삶을 살아가기 시작했을 것이다. 사랑하는 사람이 사랑의 숙주가 되기까지는 많은 시간이 필요할 것이다. 생의 애환이 그 시간 속에서 고스란히

---

5) 이승우. 『사랑의 생애』. P5. 밀리의 서재

녹아 숙주의 먹이가 되어 숙주를 성장시켰을 것이다.

붕어빵과 촛불 앞에서 무너지던 마음, 진실을 털어놓는 순간의 떨림, 그리고 "7년의 실업자" 시절을 견디게 했던 건 단지 가정이 아니라 사랑의 책임이었을 것이다.

이 시는 특별한 사건으로 치장되지 않는다. 대신, 이승우 작가의 말처럼 "특별한 사람들의 별스러운 사랑 이야기를 지어내는 대신 평범한 사랑의 경험을 현미경으로 들여다보는 보고서"처럼 정직하고, 절실하다.

가난 속에서도 사랑은 비루하지 않았고 불행 속에서도 사랑은 버려지지 않았다. 사랑은 말하지 못했던 시간을 건너, 결국 말하게 되는 진심이다. 그리고 그 진심을 말한 다음 날부터, 사람은 진짜 사랑의 숙주가 된다.

언젠가 길을 가다
예쁘다며 당신이 옮겨 심어놓고 간 그 꽃
당신은 가고 없는데 당신 꽃이 피었어요

손가락 걸진 않았지만

하늘나라 가면 붉은 꽃으로 피어
내게 돌아오겠다며 유언처럼 남기고 간 그 언약처럼
사랑하는 당신이 내 앞에서 웃고 있습니다

남들은 꽃 진 자리에 꽃 피는 건
자연의 순리라고 하는데
내게는 당신의 환생입니다

화무십일홍
나는 이 말이 두렵습니다
여보, 나 당신에게 갈 때까지
몇 번이나 당신 꽃을 볼 수 있을까요

—「당신 꽃」 전문

「당신 꽃」은 상실 이후의 사랑이 어떤 방식으로 지속될 수 있는지를 묻고, 그 대답으로 한 송이 "꽃"을 제시한다. 이 꽃은 단지 식물학적인 피어남이 아니라, 사랑하는 사람의 부재를 견디고, 그리움을 기억하며, 끝내 그 사람을 다시 만나는 상징적 매개체이다.

생전 "꽃 좋아하는 아내"여서 그런지 이 시집에는 "금낭화", "목련", "진달래꽃", "냉이꽃" 등, 꽃이 많이 등장한다.

「당신 꽃」은 “예쁘다며 당신이 옮겨 심어놓고 간” 한 송이 꽃으로 시작한다. 이 꽃은 단순한 식물 이상의 존재로 격상된다. 시적 화자는 그것을 “당신 꽃”이라 명명하며,

“하늘나라 가면 붉은 꽃으로 피어 /내게 돌아오겠다”는 유언과 연결시킨다. 이때 꽃은 영혼의 형상이며 기다림의 응답이 된다. 세속의 말인 “화무십일홍”은 인생무상과 덧없음을 상징하지만, 시인은 이 말에 두려움을 느낀다고 고백한다. 이는 다시 꽃이 져버릴까 두려운 마음, 다시 떠날까 두려운 마음이다. 그렇기에 마지막 연에서 화자는 간절한 바람으로 되묻는다.

여보, 나 당신에게 갈 때까지
몇 번이나 당신 꽃을 볼 수 있을까요

이 시는 결국 사랑의 환생을 이야기한다. 인간은 죽지만, 사랑은 꽃처럼 다시 피어난다. 생물학적 윤회를 넘어선 감정의 윤회, 기억의 윤회를 그리는 이 시는 죽음을 끝이 아닌 사랑의 또 다른 얼굴로 읽게 만든다.

"꽃 진 자리에 또 피는 건 자연의 순리"라고 하지만, 애도의 대상이 환생하는 통로로 바뀌는 순간 시인은 사랑이라는 이름의 신화를 다시 쓰고 있다. 그 신화 속에서 독자 역시 저마다의 "당신 꽃"을 떠올리게 된다.

쏟아지는 건 별빛만이 아니었다

잊을 만하면
내 서재의 오른쪽 벽을 타고
쏟아지는 그리움

늦은 밤이면
바가지로 담아 퍼내야 할 만큼
그 양이 만만치 않다

별이 되어 우리 가족을 지켜주겠다고
다짐하던 약속
나는 밤하늘의 별을 매일 때
오른쪽 벽 액자 속에 숨겼다

별세계의 이야기

새벽에 홀로 뜨는 외로움

곤히 잠든 나에게 오고 싶어도
올 수 없어 애태웠던 마음
그리고 낮이 밝아 돌아가야 할 때가
가장 슬프다는 심정

우리의 만남은 그래서 언제나 외롭고 쓸쓸했다
운명이 슬프다며 별빛눈물 뿌리던 그녀

날이 밝아간다
액자 유리가 촉촉이 젖어가고 있음이
느껴지는 새벽이다

—「별이 숨은 액자」 전문

「별이 숨은 액자」는 한 존재의 상실 이후에도 지속되는 정서적 교신, 즉 '남겨진 이의 언어로 지속되는 만남'의 형식을 띠고 있다. 시인은 별이라는 상징을 통해, 죽음 이후에도 남아있는 존재의 울림과 그리움의 물리적 감각을 독자에게 전한다.

잊을 만하면
내 서재의 오른쪽 벽을 타고
쏟아지는 그리움

이 문장에서 "벽을 타고 쏟아지는 그리움"은 감정의 내면화가 아니라, 물질적이고 공간적인 실재로 그려진다. 그리움은 내면에 머물지 않고 실질적으로 "쏟아진다". 상실은 사라지는 것이 아니라, 다른 방식으로 존재하는 것이며 시인은 그것을 별빛과 액자로 번역한다.

별은 죽은 존재가 머무는 상징적 공간이자 시인의 언어로 옮긴 시간의 거처다.

매일 나는 밤하늘의 별을 따 오른쪽 벽
액자 속에 숨겼다

이 한 줄은 단순한 시적 표현을 넘어 기억의 의례화라 할 수 있다. "별을 따"서 숨긴다는 행위는 기억을 고정하고 액자라는 프레임에 저장함으로써, 고통을 견디기 위한 주체의 반복적 행위로 드러난다. 즉, 액자는 단순한 액자가 아니라 '잃어버린 존재를 다시 불러내는 주술적 매개물'인 셈이다.

또한, "별이 되어 우리 가족을 지켜주겠다던 약속", "새벽에 홀로 뜨는 외로움", "운명이 슬프다며 별빛 눈물 뿌리던 그녀" 등의 표현은, 장자의 생사관과도 맞닿아 있다.

"장자는 삶과 죽음을 변화의 흐름에 놓인 연속적인 관계라고 보았다. 시작과 끝이라는 대립 관계가 아니라 시작도 없고, 끝도 없는 하나의 흐름으로서 삶과 죽음을 이해한 것이다. 살아간다는 것이 곧 죽어 가는 것이라는 깨달음은 곧 삶이 삶 자체로만 이루어진 것이 아니며, 죽음이 죽음 자체만은 아니라는 사실을 깨닫게 해 준다." 6)

장자는 삶과 죽음이 하나의 자연스러운 흐름임을 말한다. 시인의 표현에서 "별"은 죽은 존재가 도달한 다른 생의 형태이며, 거기서조차 슬픔과 사랑의 감정은 계속된다. 이때 시인은 생과 사가 단절된 것이 아님을 별빛이라는 연속적인 시어로 관통시킨다.

그리하여 시 말미에 등장하는 "촉촉이 젖어가는 액

---

6) 장자. 『장자, 자연 속에서 찾은 자유의 세계』. 풀빛. 2012. 조수형 옮김. p30

자 유리"는, 단순한 물리적 습기의 묘사가 아니라 기억의 감응이자 감정의 증거다. 이 젖음은 눈물이자 결로, 살아 있는 자와 죽은 자의 교신 흔적이다.

운명이니 받아들이라고 했다
어머니는 나와 평생 함께 지내야 할 친구 사이라며

그 애는 어머니 말대로 내가 첫발 뗄 때부터
친구가 됐다
드러내지는 않았지만 꼭 내 옆에 붙어 다녔다

그 애는 나와 같은 해 같은 날 태어났다
성격은 잘 모르지만 모습은 꼭 나를 빼닮았고
행동도 닮았다

어떤 때는 마치 내 분신인 양 행동까지 똑같게 해
나 스스로조차 놀라 의심할 정도였다

걸음마 무렵엔 너무 졸졸 따라다녀 귀찮아할 때도
어머니는 그 애는 너와 뗄래야 뗄 수 없는 친구이니
사이좋게 지내라고 하셨다

그런데 왜 얼굴은 보이지 않느냐고 묻자
어머니는 그 아이는 본래 태생이 그러하니
더는 알려 하지 말라 하셨다

세월이 흘러 늙었다
녀석도 함께 늙었다
모습에 힘이 없다

불쌍한 친구라 생각됐다
자기 의지 한 번 못 펴고 평생 내 곁을 지켜온
그 애가 고맙기도 하고 안쓰럽게 느껴졌다

그래도 나와 함께 산 덕에 이름 석 자는 남길 것 같다
그 애의 이름은 내 그림자다

－「그림자」 전문

「그림자」는 인간 존재의 내면 깊은 곳에 자리한 또 다른 자아, 혹은 불가피한 운명으로서의 존재의 짝을 섬세하게 풀어낸 작품이다. 이 시의 핵심은 우리가 평생을 함께 살아가지만, 결코 완전히 이해하거나 조명할 수 없는 '그림자'라는 존재에 대한 사유다.

운명이니 받아들이라고 했다
어머니는 나와 평생 함께 지내야 할 친구 사이라며

여기서 "어머니"는 단순한 육친이 아닌 존재의 근원 혹은 신화적 매개자로 읽힐 수 있다. 그녀는 주체에게 그림자를 "운명이니 받아들이라고" 말한다. 인간은 던져진 존재로서 어떤 조건 속에 태어나며, 그 조건은 거부할 수 없는 실존의 일부이다. 그림자는 그 조건이다.

시에서 그림자는 단순한 빛의 반작용이 아니다. 시인은 그 그림자에게 분신이라 말하고, 다음과 같이 고백한다.

어떤 때는 마치 내 분신인 양 행동까지 똑같게 해
나 스스로조차 놀라 의심할 정도였다

분석심리학에서 "그림자(Shadow)는 낡은 방식들, 낡은 인격, 안일한 것들, 인격의 열등한 부분, 부정적인 측면이며 감추어진, 바람직하지 못한 성질의 총화, 잘 발전되지 못한 기능들이며, 강렬한 저항에 의해서 억압되고 있는 것으로 정의된다."[7] 융에게 그림자는 의식이 억눌러 온 무의식의 투영이며, 종종 우리 자신이 가장 마주하기 꺼리는 또 하나의 '나'다. 그것은 때로 나보다 더 진실하고, 더 오래된 자아일 수 있다.

시인은 늙어가는 그림자를 바라보며 연민을 느낀다.

불쌍한 친구라 생각됐다
자기 의지 한 번 못 피고 평생 내 곁을 지켜온 그 애가
고맙기도 하고 안쓰럽게 느껴졌다

우리는 늘 나인 듯 나 아닌 자와 함께 살아간다. 텍스트 속 '나'는 언제나 둘이다. 하나는 나, 다른 하나는 내가 감각하지만, 결코 포획할 수 없는 '그림자적 자아'다.

---

7) 이부영. 『우리 마음속의 어두운 반려자 그림자』. 한길사. 1999년. p75

시의 마지막,

그래도 나와 함께 산 덕에 이름 석 자는 남길 것 같다
그 애의 이름은 내 그림자다

이 구절은 압권이다. 주체는 죽음을 향해 가지만, 그림자는 그것의 증언자로 남는다. 그림자는 흔적이며 기억이고 주체의 복제물이자 상속자다.

최 시인은 무의식에 잠재된 아내를 굳이 잊으려 하지 않는다. 그 그림자를 불러내 기억하고 애도하며 의식적 자아 속에 담아 두려고 한다. 그리고 다시 만날 것을 약속한다. 그리고 아내에게 편지를 쓴다.

하늘길 가다가
별똥별 만나면 한 줌 한 줌 따서
내게로 뿌려

나는 뜰채로 별똥별 모아
세상에 하나밖에 없는
면사포를 만들 거야

물안개 피우는 소양강에 가
물안개로 실을 자아
이승에서 가장 아름다운
웨딩드레스를 만들 거야

나 하늘로 갈 때
가슴에 꼭 안고 갈 거야

여보,
나 하늘나라에 가면
하느님을 주례로 모시고
우리 결혼식 하자

—「아내에게 보내는 편지」 전문

"진정한 치유란 없었던 일처럼 상처를 지우는 것이 아니라, 그럼에도 불구하고 나의 상처를 받아들이는 것이다. 있는 그대로 나의 상처를 인정하고 그 다음의 삶으로 나아가는 것이다. 물론 그 상처의 흔적을 볼 때마다 그때의 아픔과 슬픔이 떠오르겠지만 그것이 현재의 내 삶에 고통만을 주지는 않을 것이다. 오히려 든든한 삶의 디딤돌이 될 수 있다. 상처에서 슬

픔을 통과하는 법을 배우고, 그럼으로써 더 성숙한 눈으로 나와 세상을 바라볼 수 있을 테니까." 8)

최창순 시인이 쓰는 아내에 대한 시는 상처를 치유하는 의식과도 같은 것이라고 생각한다. 그래서 이 시집 『별이 숨은 액자』는 의식의 제단에 바치는 제물과도 같다.

아내는 지금 없다. 암으로 먼저 세상을 떠났다. 그러나 아내는 없어지지 않았다. 탁상거울 속에서, 붕어빵 세 개 속에서, 낡은 사진과 별빛 편지 속에서, 여전히 그녀는 존재하고 있다.

최창순 시인의 시는 기억의 노래가 아니라 존재의 증거다. 그녀가 살아 있었음을, 그리고 지금도 함께 살아가고 있음을 증명하는 언어다. 사랑이 끝났다는 선언이 아니라, 죽음 이후에 비로소 시작된 사랑의 새로운 방식이다.

죽은 자와 대화를 멈추지 않는 사람, 아내를 시로 불러 다시 살게 하는 사람, 그가 바로 최창순 시인이다. 이 사랑의 기록을 읽는 우리는 한 가지를 깊이 깨

8) 채정호. 『이별한다는 것에 대하여』, P17. 밀리의 서재.

닫게 된다. 사랑은 죽음 앞에서 끝나는 것이 아니라, 죽음을 견뎌내며 시작된다는 것을.

지금, 사랑이 고갈된 이 인스턴트 시대에, 최창순 시인의 시는 오래 우려낸 한 잔의 茶처럼, 달빛이 쓰는 손편지처럼, 가슴 깊이 따뜻한 울림을 남긴다.